Protoceratops babies hatch from eggs. The babies will grow to be six or seven feet long.

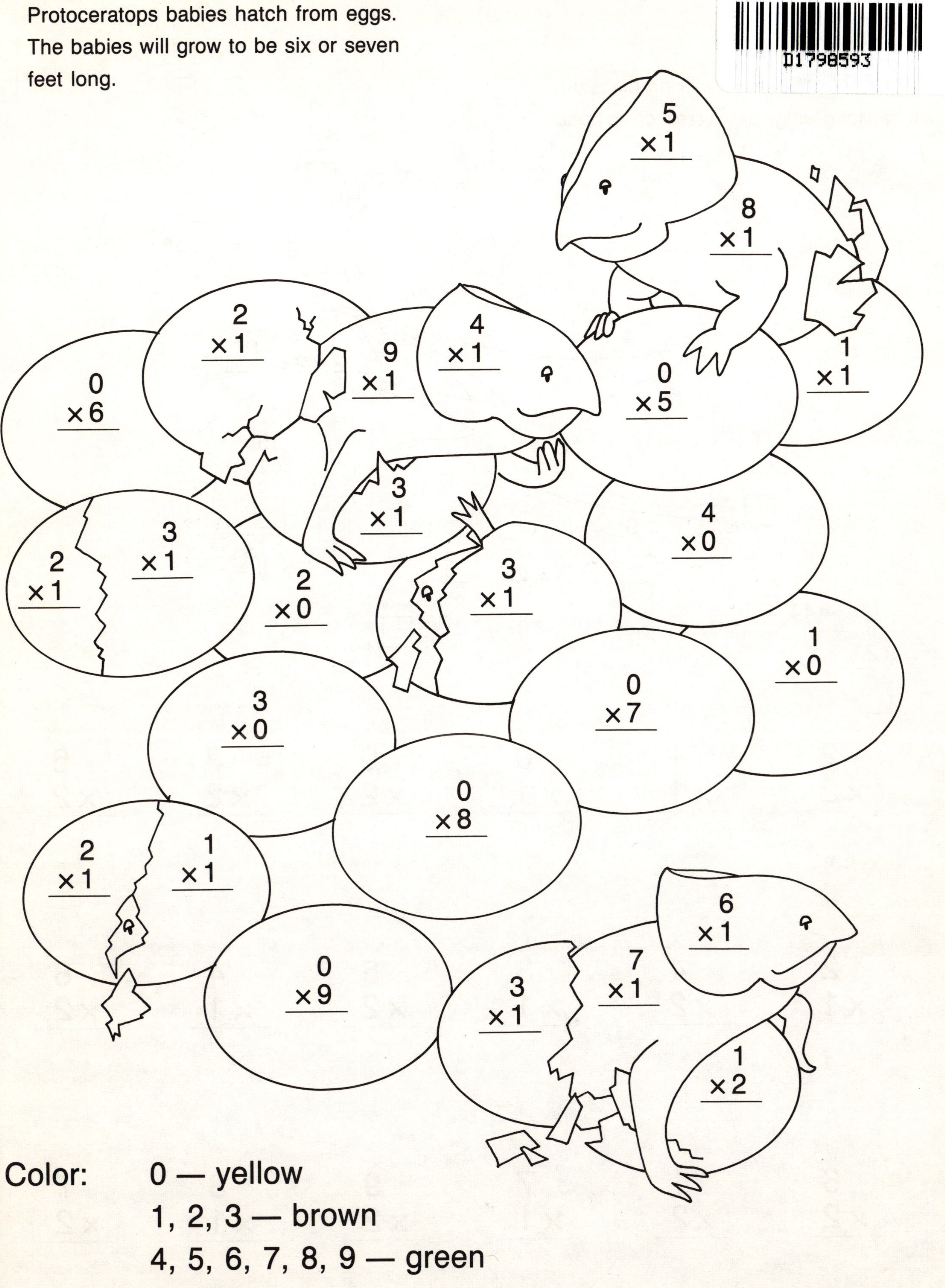

Color: 0 — yellow
1, 2, 3 — brown
4, 5, 6, 7, 8, 9 — green

Start at 0.

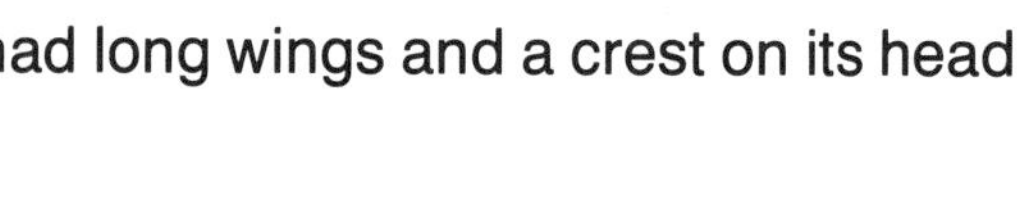

The Pteranodon was a flying dinosaur.
It had long wings and a crest on its head.

$\begin{array}{r} 1 \\ \times 1 \\ \hline \square \end{array}$ $\begin{array}{r} 1 \\ \times 2 \\ \hline \square \end{array}$

$\begin{array}{r} 0 \\ \times 2 \\ \hline \square \end{array}$

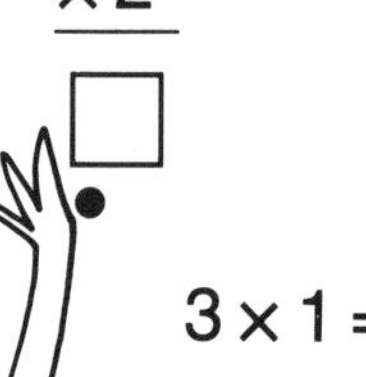

$3 \times 1 = \square$

$2 \times 2 = \square$

$\begin{array}{r} 6 \\ \times 2 \\ \hline \square \end{array}$ $\begin{array}{r} 3 \\ \times 2 \\ \hline \square \end{array}$ $\begin{array}{r} 5 \\ \times 1 \\ \hline \square \end{array}$

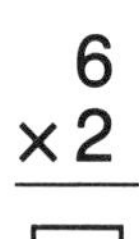

$\begin{array}{r} 9 \\ \times 1 \\ \hline \square \end{array}$ $4 \times 2 = \square$

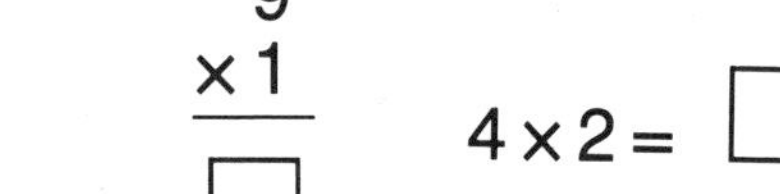

•11

$7 \times 1 = \square$

$\begin{array}{r} 5 \\ \times 2 \\ \hline \square \end{array}$

$\begin{array}{r} 2 \\ \times 2 \\ \hline \end{array}$ $\begin{array}{r} 1 \\ \times 1 \\ \hline \end{array}$ $\begin{array}{r} 0 \\ \times 1 \\ \hline \end{array}$ $\begin{array}{r} 0 \\ \times 2 \\ \hline \end{array}$ $\begin{array}{r} 3 \\ \times 2 \\ \hline \end{array}$ $\begin{array}{r} 6 \\ \times 2 \\ \hline \end{array}$

$\begin{array}{r} 2 \\ \times 1 \\ \hline \end{array}$ $\begin{array}{r} 4 \\ \times 2 \\ \hline \end{array}$ $\begin{array}{r} 3 \\ \times 1 \\ \hline \end{array}$ $\begin{array}{r} 5 \\ \times 2 \\ \hline \end{array}$ $\begin{array}{r} 4 \\ \times 1 \\ \hline \end{array}$ $\begin{array}{r} 8 \\ \times 2 \\ \hline \end{array}$

$\begin{array}{r} 6 \\ \times 2 \\ \hline \end{array}$ $\begin{array}{r} 1 \\ \times 2 \\ \hline \end{array}$ $\begin{array}{r} 7 \\ \times 1 \\ \hline \end{array}$ $\begin{array}{r} 9 \\ \times 2 \\ \hline \end{array}$ $\begin{array}{r} 8 \\ \times 1 \\ \hline \end{array}$ $\begin{array}{r} 7 \\ \times 2 \\ \hline \end{array}$

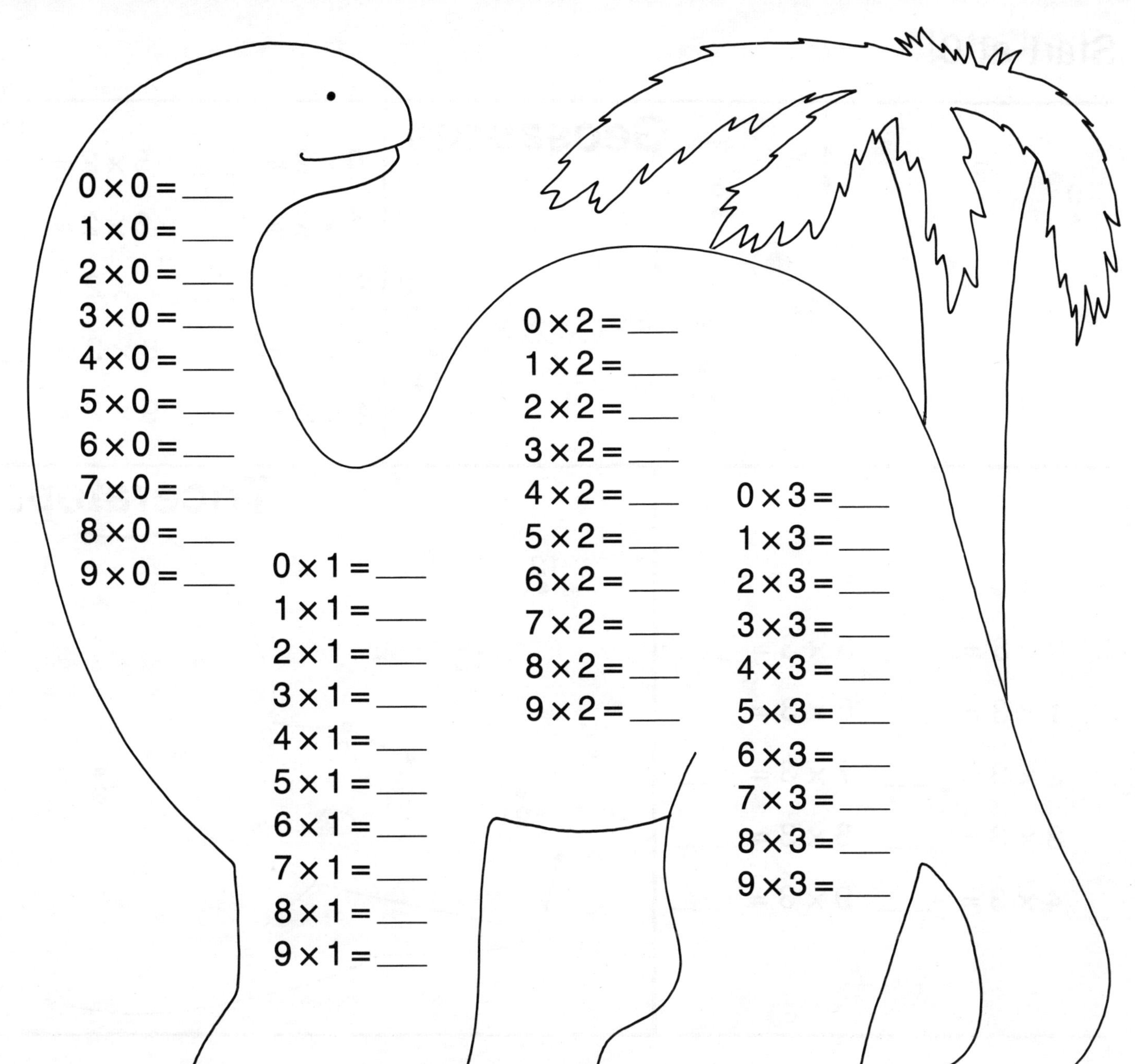

Match:

3 × 3 =	0	1 × 4 =
0 × 3 =	4	9 × 0 =
8 × 2 =	9	4 × 4 =
2 × 2 =	16	9 × 2 =
6 × 3 =	18	9 × 1 =

Start at 0.

Geosaurus

0 2 4 6 8 10 12 14 16 18

0 × 2 =	___	5 × 2 =	___
1 × 2 =	___	6 × 2 =	___
2 × 2 =	___	7 × 2 =	___
3 × 2 =	___	8 × 2 =	___
4 × 2 =	___	9 × 2 =	___

0 × 3 =	___	5 × 3 =	___
1 × 3 =	___	6 × 3 =	___
2 × 3 =	___	7 × 3 =	___
3 × 3 =	___	8 × 3 =	___
4 × 3 =	___	9 × 3 =	___

Triceratops

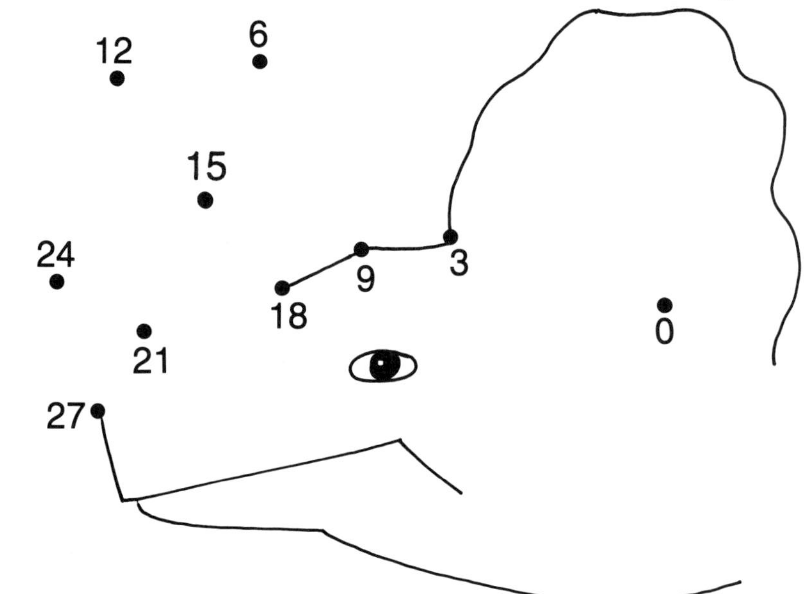

2×3	3×2	2×2	3×3	0×3	6×3
1×3	4×2	7×3	5×2	8×3	7×2
8×2	4×3	9×2	5×3	6×2	9×3

Cut and paste to find the dinosaur.

$2 \times 3 =$ ☐	$4 \times 4 =$ ☐
$7 \times 4 =$ ☐	$6 \times 3 =$ ☐
$9 \times 3 =$ ☐	$5 \times 4 =$ ☐
$5 \times 3 =$ ☐	$9 \times 4 =$ ☐
$8 \times 4 =$ ☐	$7 \times 3 =$ ☐
$4 \times 3 =$ ☐	$6 \times 4 =$ ☐

A Dimetrodon was about twelve feet long.
It had a huge sail on its back.
The Dimetrodon was a meat eater.

7×1	0×1	5×2	8×2	1×1	2×2
1×3	2×4	0×3	2×3	7×4	3×3
7×3	5×3	8×4	3×4	9×3	5×4
4×3	6×4	8×3	6×3	9×4	1×4

Cut and paste to find the hidden dinosaur.

4 ×4	7 ×5	2 ×5	5 ×4	9 ×5	3 ×4
1 ×5	7 ×4	3 ×5	2 ×4	6 ×5	8 ×4
1 ×4	5 ×5	9 ×4	8 ×5	0 ×4	6 ×4

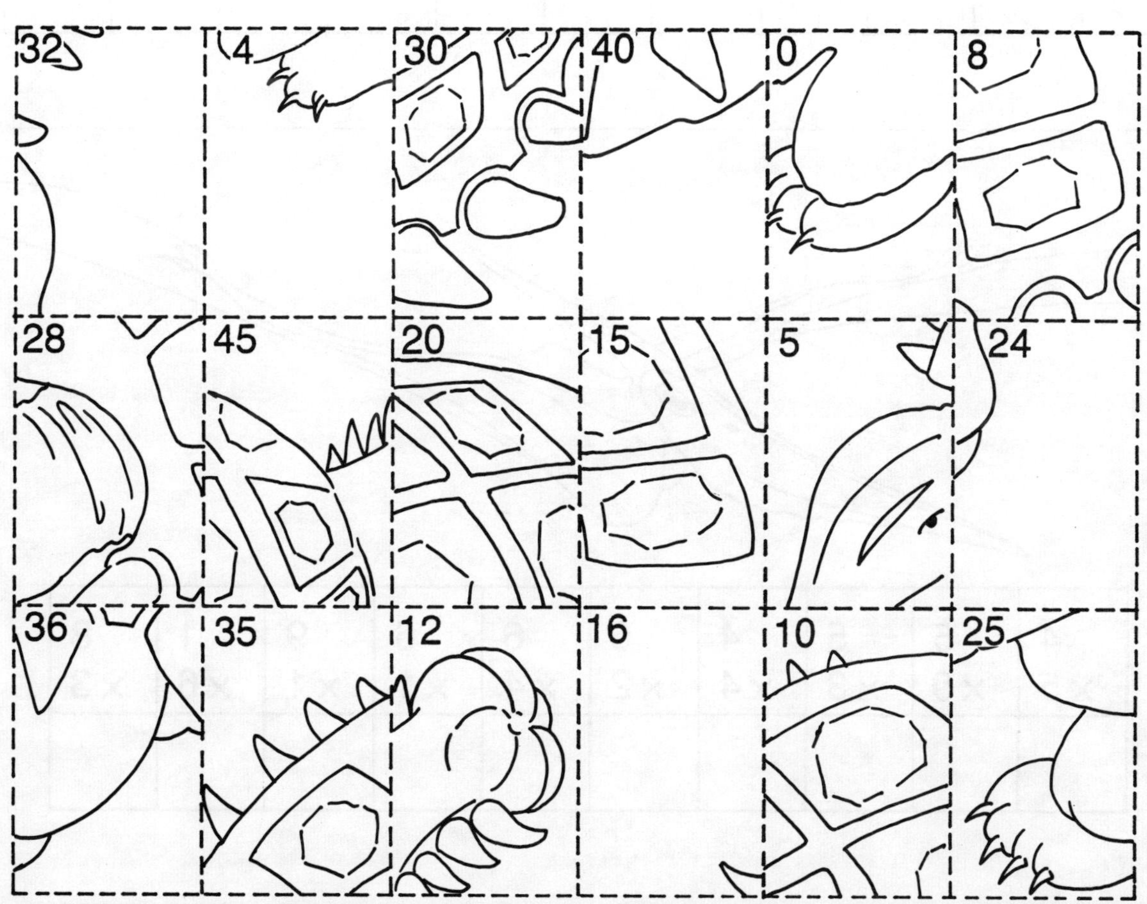

Who Am I?

0-t	12-a	20-p
4-s	15-e	24-n
6-o	16-r	28-g
9-d	18-u	32-c
10-i		36-y

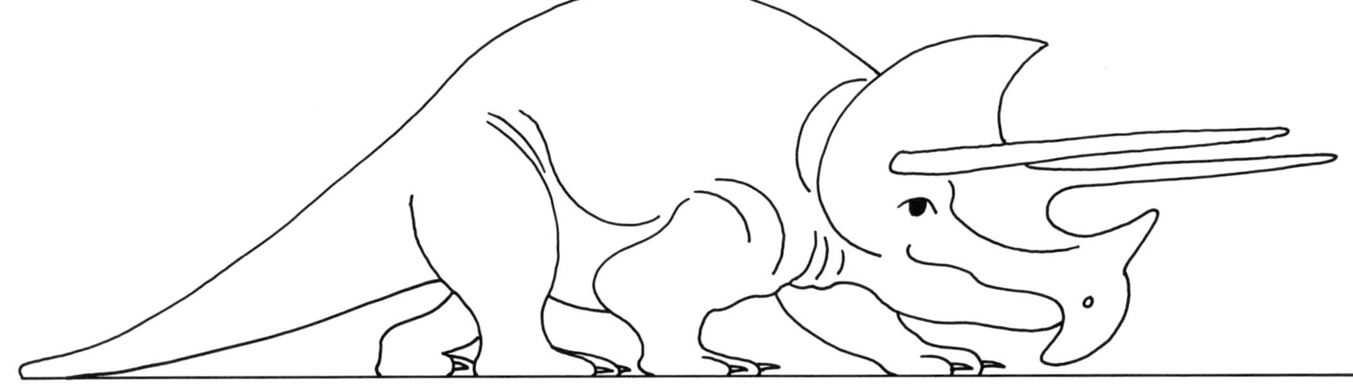

4 ×0	4 ×4	5 ×2	8 ×4	3 ×5	8 ×2	4 ×3	3 ×0	1 ×6	5 ×4	1 ×4

___ ___ ___ ___ ___ ___ ___ ___ ___ ___ ___

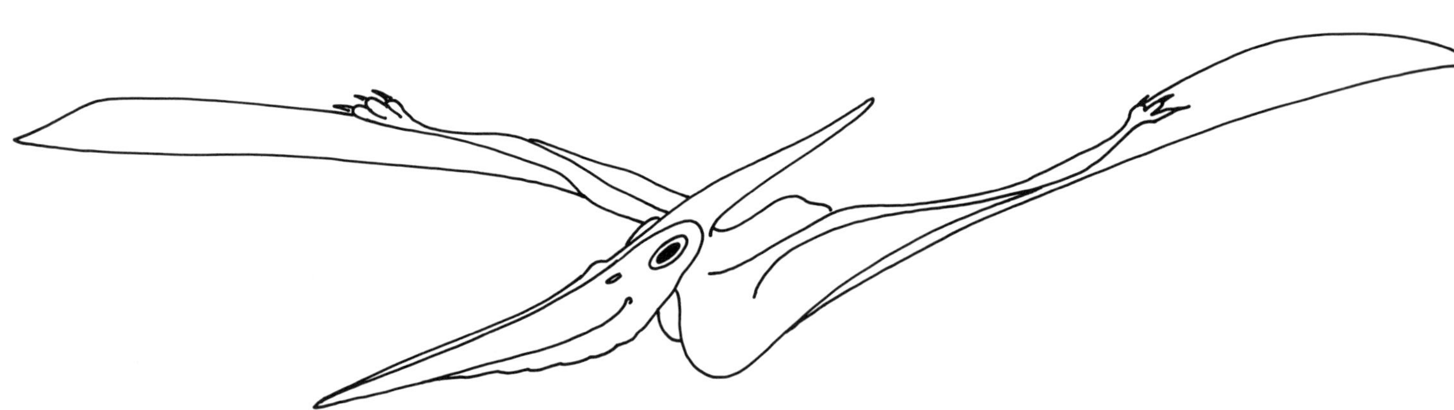

4 ×5	5 ×0	5 ×3	4 ×4	6 ×2	6 ×4	6 ×1	9 ×1	1 ×6	8 ×3

___ ___ ___ ___ ___ ___ ___ ___ ___ ___

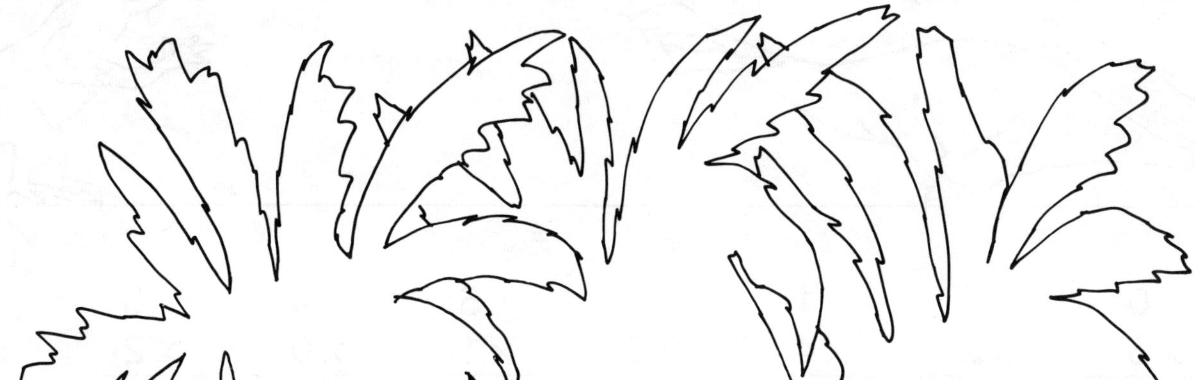

0 × 0 = ___
1 × 0 = ___
2 × 0 = ___
3 × 0 = ___
4 × 0 = ___
5 × 0 = ___
6 × 0 = ___
7 × 0 = ___
8 × 0 = ___
9 × 0 = ___

0 × 1 = ___
1 × 1 = ___
2 × 1 = ___
3 × 1 = ___
4 × 1 = ___
5 × 1 = ___
6 × 1 = ___
7 × 1 = ___
8 × 1 = ___
9 × 1 = ___

0 × 2 = ___
1 × 2 = ___
2 × 2 = ___
3 × 2 = ___
4 × 2 = ___
5 × 2 = ___
6 × 2 = ___
7 × 2 = ___
8 × 2 = ___
9 × 2 = ___

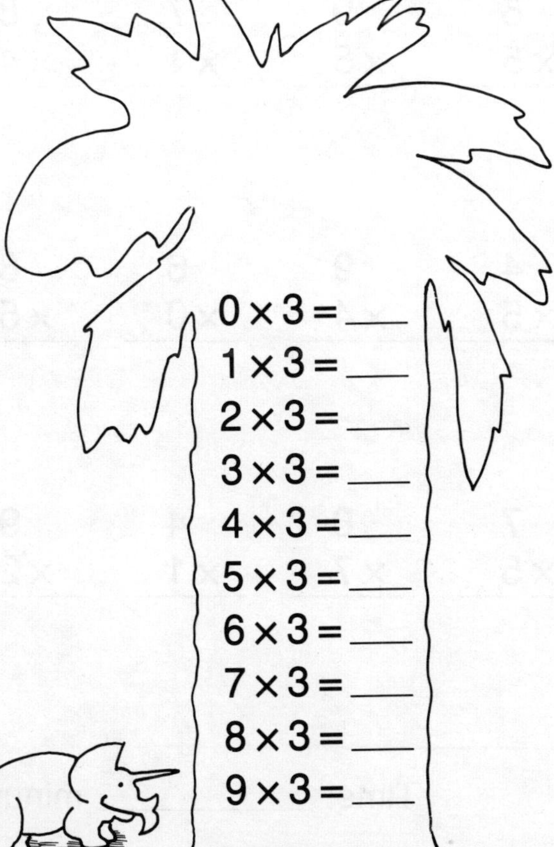

0 × 3 = ___
1 × 3 = ___
2 × 3 = ___
3 × 3 = ___
4 × 3 = ___
5 × 3 = ___
6 × 3 = ___
7 × 3 = ___
8 × 3 = ___
9 × 3 = ___

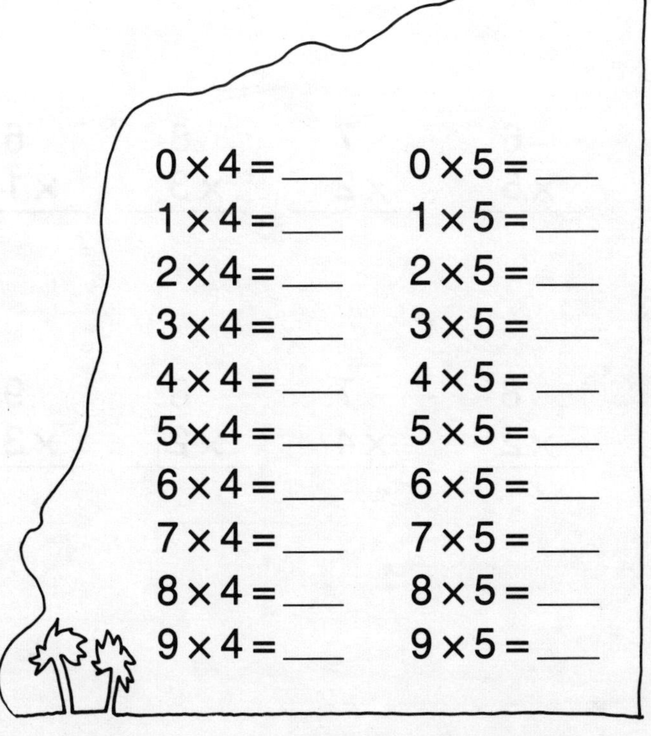

0 × 4 = ___
1 × 4 = ___
2 × 4 = ___
3 × 4 = ___
4 × 4 = ___
5 × 4 = ___
6 × 4 = ___
7 × 4 = ___
8 × 4 = ___
9 × 4 = ___

0 × 5 = ___
1 × 5 = ___
2 × 5 = ___
3 × 5 = ___
4 × 5 = ___
5 × 5 = ___
6 × 5 = ___
7 × 5 = ___
8 × 5 = ___
9 × 5 = ___

Dinosaur Relay

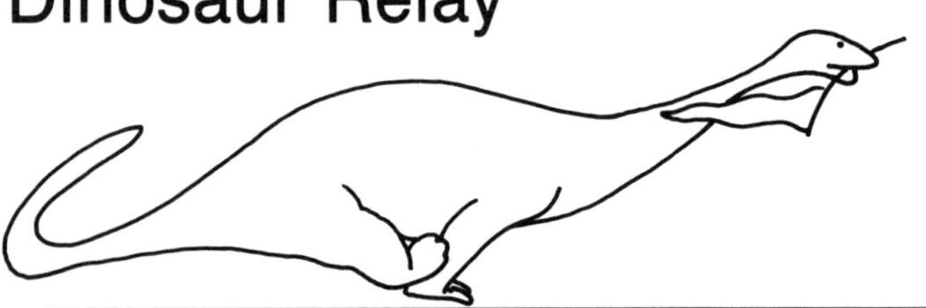

0	4	1	2	5	4	3	1
×5	×2	×4	×2	×1	×0	×2	×2
1	5	3	3	5	4	4	4
×3	×2	×3	×2	×3	×5	×4	×2
0	4	3	9	5	3	8	6
×2	×3	×5	×1	×2	×4	×1	×3
5	6	7	6	5	9	7	8
×4	×2	×3	×4	×5	×5	×1	×4
6	7	8	6	4	9	6	8
×5	×2	×3	×1	×5	×4	×0	×5
8	7	8	9	7	0	4	9
×2	×4	×2	×3	×5	×7	×1	×2

Time: ____________ minutes

Help the little dinosaurs get home.

Lambeosaurus

Start at 0.

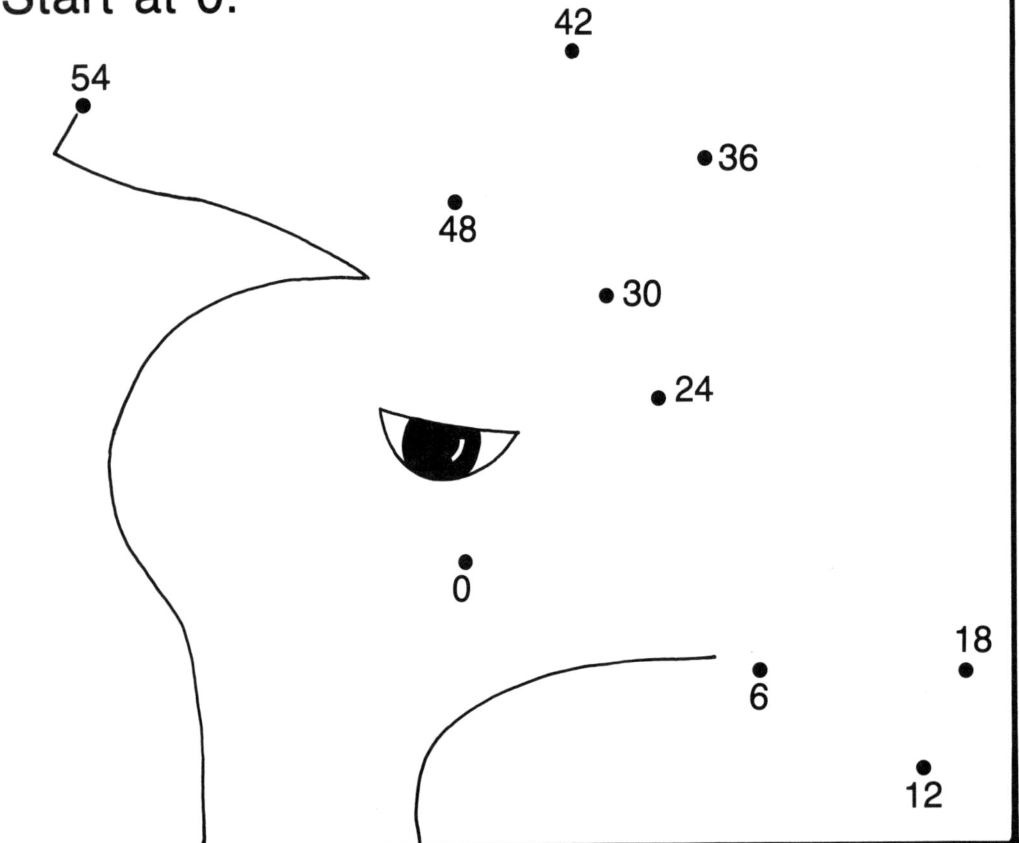

$0 \times 6 =$ ______

$1 \times 6 =$ ______

$2 \times 6 =$ ______

$3 \times 6 =$ ______

$4 \times 6 =$ ______

$5 \times 6 =$ ______

$6 \times 6 =$ ______

$7 \times 6 =$ ______

$8 \times 6 =$ ______

$9 \times 6 =$ ______

$\begin{array}{r} 4 \\ \times 6 \\ \hline \end{array}$ $\begin{array}{r} 5 \\ \times 4 \\ \hline \end{array}$ $\begin{array}{r} 0 \\ \times 6 \\ \hline \end{array}$ $\begin{array}{r} 4 \\ \times 5 \\ \hline \end{array}$ $\begin{array}{r} 2 \\ \times 5 \\ \hline \end{array}$ $\begin{array}{r} 2 \\ \times 6 \\ \hline \end{array}$ $\begin{array}{r} 9 \\ \times 4 \\ \hline \end{array}$ $\begin{array}{r} 6 \\ \times 5 \\ \hline \end{array}$

$\begin{array}{r} 3 \\ \times 4 \\ \hline \end{array}$ $\begin{array}{r} 1 \\ \times 6 \\ \hline \end{array}$ $\begin{array}{r} 7 \\ \times 4 \\ \hline \end{array}$ $\begin{array}{r} 8 \\ \times 5 \\ \hline \end{array}$ $\begin{array}{r} 3 \\ \times 6 \\ \hline \end{array}$ $\begin{array}{r} 8 \\ \times 4 \\ \hline \end{array}$ $\begin{array}{r} 6 \\ \times 6 \\ \hline \end{array}$ $\begin{array}{r} 9 \\ \times 6 \\ \hline \end{array}$

$\begin{array}{r} 7 \\ \times 6 \\ \hline \end{array}$ $\begin{array}{r} 3 \\ \times 5 \\ \hline \end{array}$ $\begin{array}{r} 5 \\ \times 6 \\ \hline \end{array}$ $\begin{array}{r} 3 \\ \times 5 \\ \hline \end{array}$ $\begin{array}{r} 8 \\ \times 6 \\ \hline \end{array}$ $\begin{array}{r} 9 \\ \times 5 \\ \hline \end{array}$ $\begin{array}{r} 6 \\ \times 4 \\ \hline \end{array}$ $\begin{array}{r} 7 \\ \times 5 \\ \hline \end{array}$

Protoceratops

Start at 0:

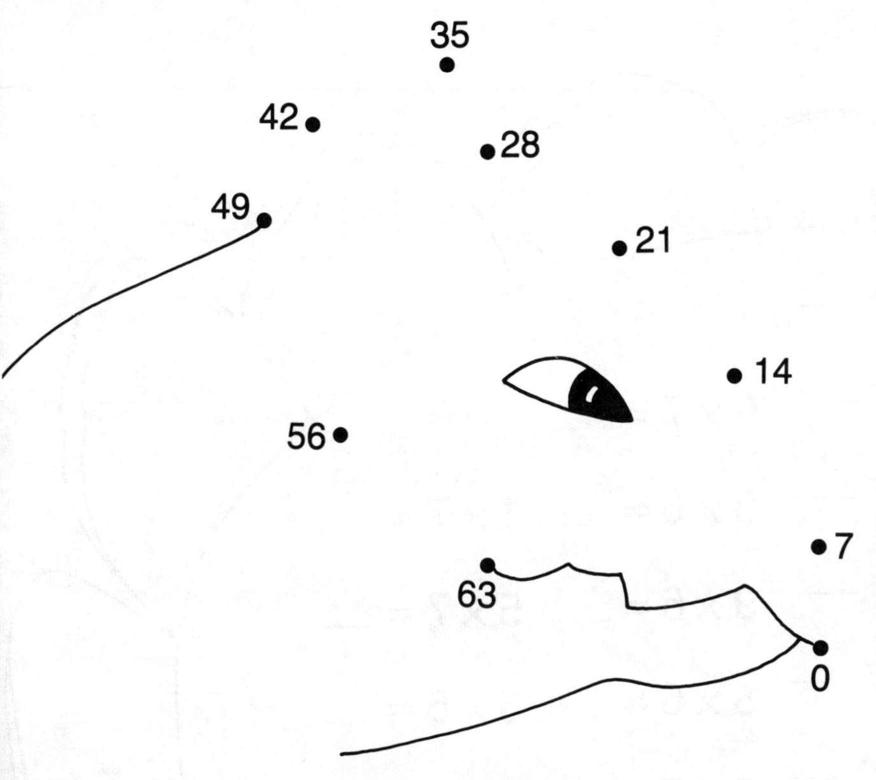

$0 \times 7 =$ _____

$1 \times 7 =$ _____

$2 \times 7 =$ _____

$3 \times 7 =$ _____

$4 \times 7 =$ _____

$5 \times 7 =$ _____

$6 \times 7 =$ _____

$7 \times 7 =$ _____

$8 \times 7 =$ _____

$9 \times 7 =$ _____

0 ×6	0 ×7	2 ×7	7 ×5	1 ×7	9 ×6	3 ×7	4 ×7
8 ×7	2 ×7	6 ×3	9 ×7	4 ×7	9 ×6	7 ×4	5 ×7
6 ×7	9 ×6	3 ×7	7 ×6	6 ×5	7 ×2	8 ×6	9 ×7

The Stegosaurus was eighteen feet long and weighed two or three tons. It had bony plates along its back and spikes on its tail.

$0 \times 6 =$ ___

$2 \times 6 =$ ___

$2 \times 7 =$ ___

$4 \times 7 =$ ___

$9 \times 7 =$ ___

$4 \times 6 =$ ___

$3 \times 6 =$ ___ $1 \times 7 =$ ___

$1 \times 6 =$ ___

$9 \times 6 =$ ___ $5 \times 7 =$ ___

$6 \times 6 =$ ___

$5 \times 6 =$ ___ $8 \times 6 =$ ___

$7 \times 7 =$ ___

$3 \times 7 =$ ___ $9 \times 5 =$ ___

$6 \times 7 =$ ___ $5 \times 5 =$ ___

$8 \times 7 =$ ___

$7 \times 6 =$ ___

14 Beginning Multiplication

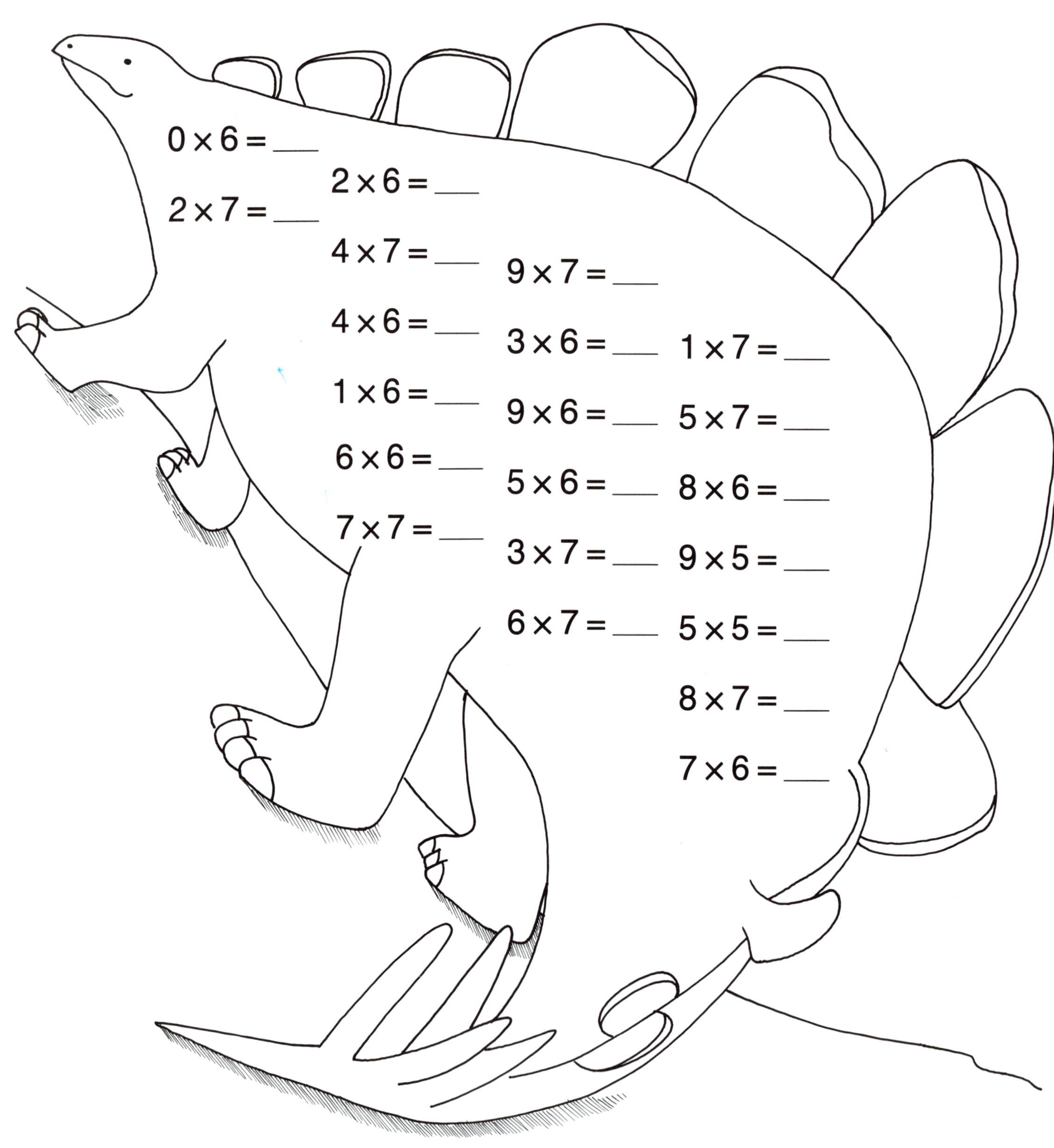

Start at 1.

The Brontosaurus (Apatosaurus) was seventy-five feet long and weighed twenty tons. It was a plant eater. Sometimes it traveled with a herd.

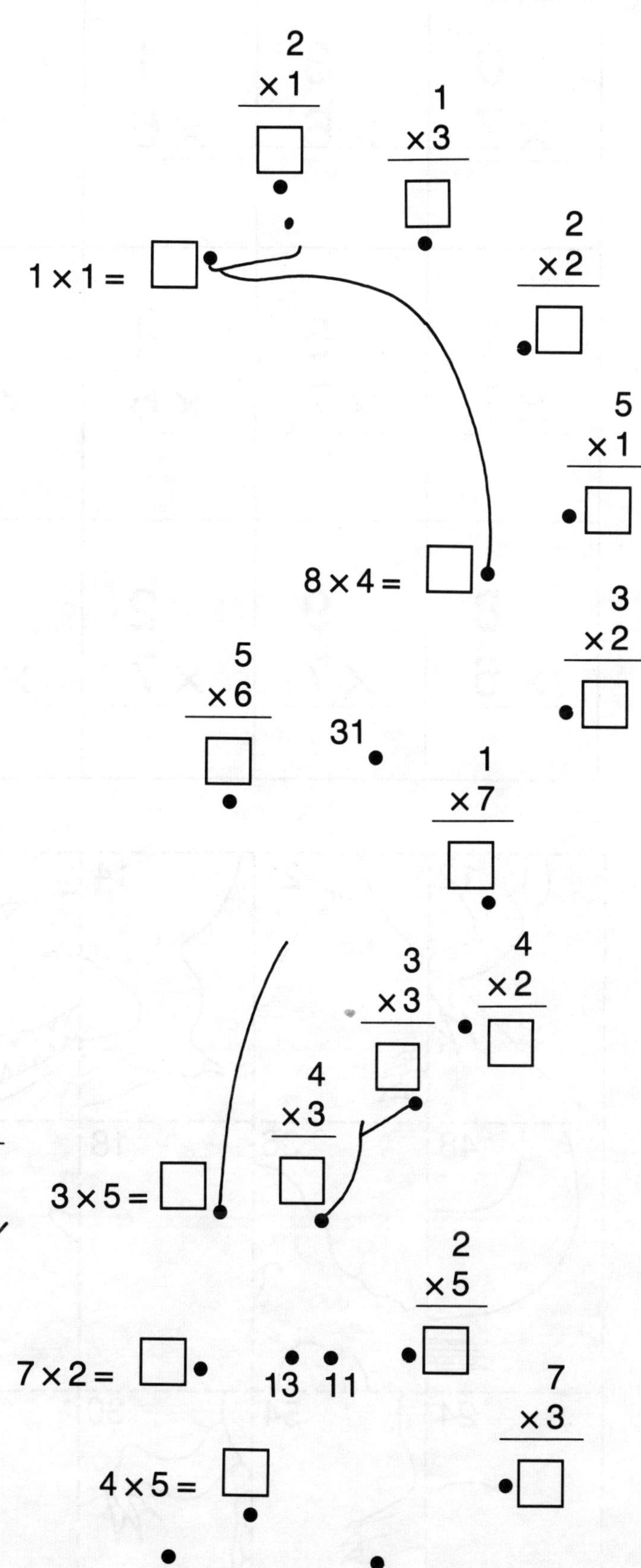

Cut and paste to find the hidden dinosaur.

0 ×7	3 ×6	1 ×6	4 ×7	6 ×6	7 ×7
1 ×7	5 ×7	4 ×6	8 ×7	2 ×6	5 ×6
8 ×6	9 ×7	2 ×7	3 ×7	9 ×6	6 ×7

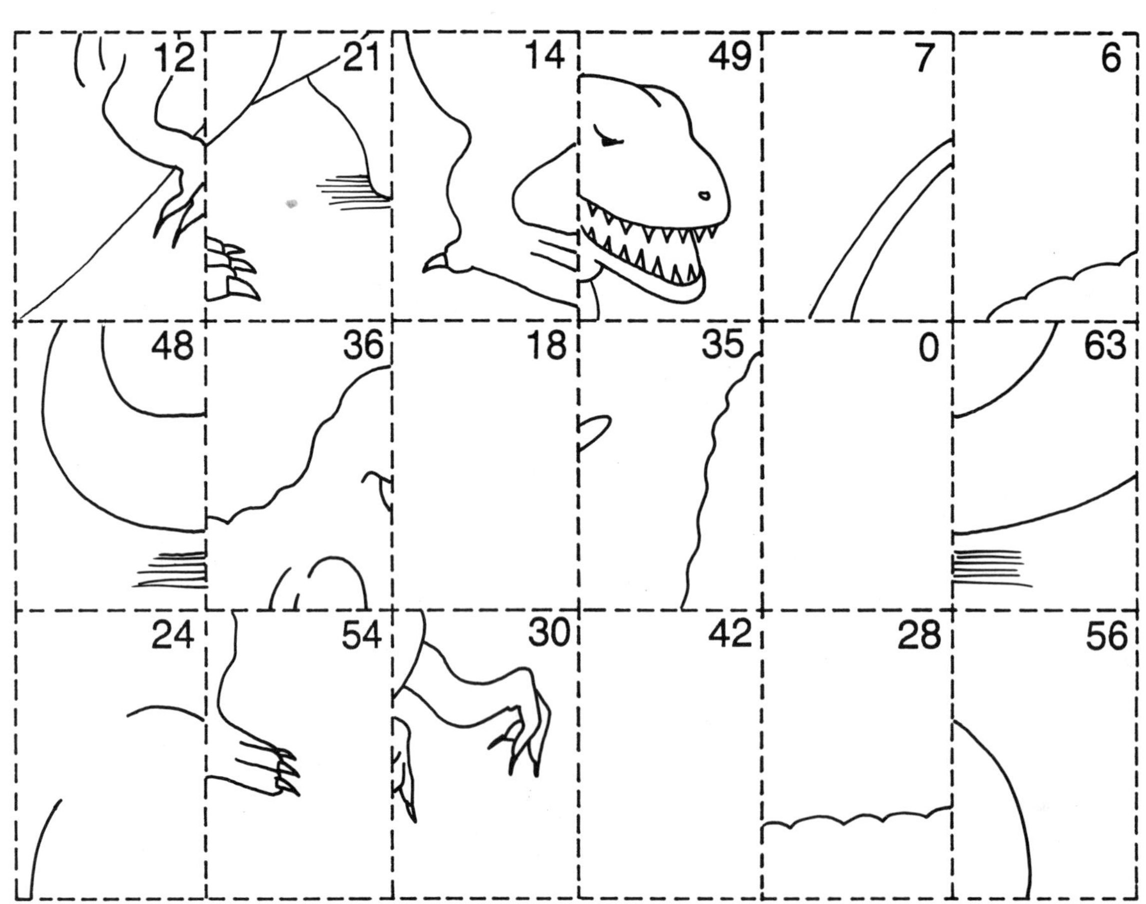

Match:

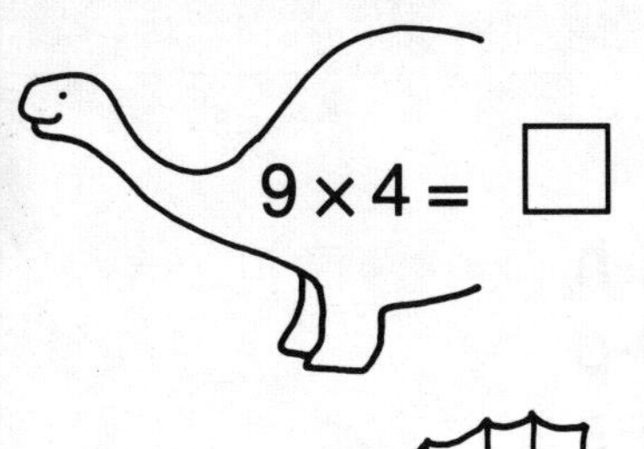

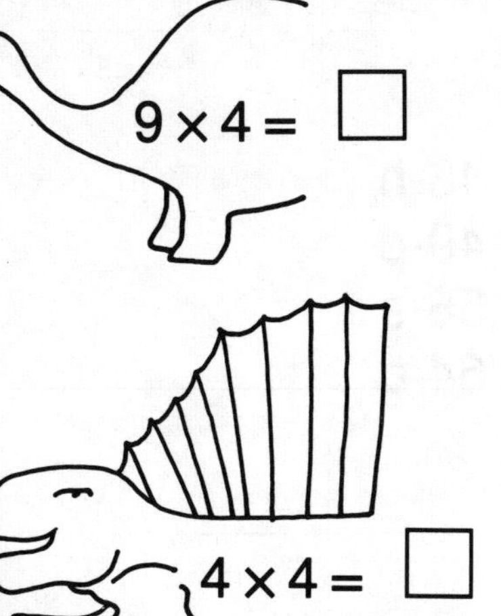

$9 \times 4 =$ ☐

$4 \times 4 =$ ☐

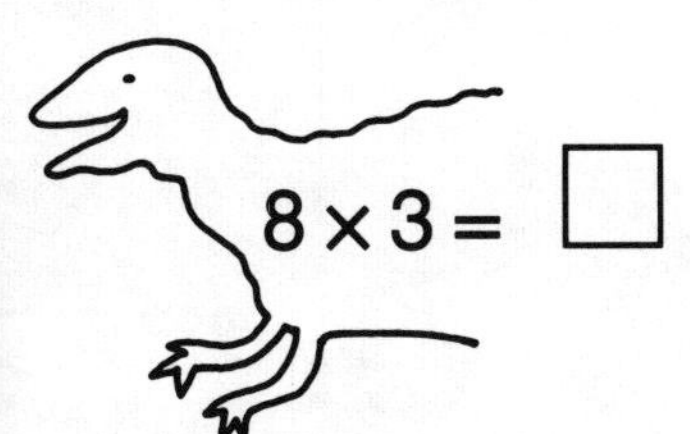

$8 \times 3 =$ ☐

$3 \times 6 =$ ☐

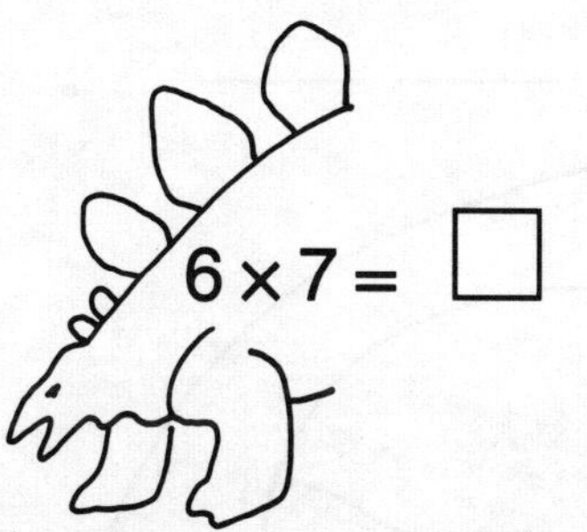

$6 \times 7 =$ ☐

$7 \times 6 =$ ☐

$9 \times 2 =$ ☐

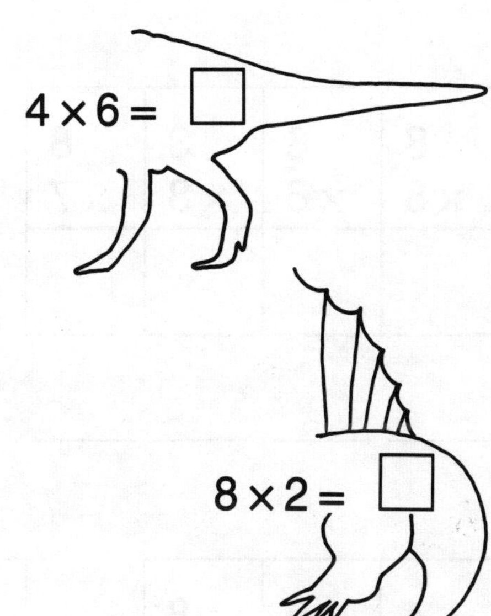

$6 \times 6 =$ ☐

$4 \times 6 =$ ☐

$8 \times 2 =$ ☐

4	8	3	5	9	8	7	9
×7	×6	×4	×7	×5	×4	×7	×6

5	8	7	6	9	3	8	7
×6	×7	×4	×5	×7	×7	×5	×5

Why did the dinosaur wear blue sneakers?

16-t	35-a	48-h
18-k	36-n	49-p
24-e	40-r	56-s
32-i	42-w	64-o

8 × 6	6 × 4	8 × 5

7 × 7	4 × 8	9 × 4	9 × 2

___ ___ ___   ___ ___ ___ ___

8 × 8	6 × 6	3 × 8	8 × 7

6 × 7	4 × 6	8 × 5	8 × 3

8 × 4	4 × 9

___ ___ ___ ___   ___ ___ ___ ___   ___ ___

4 × 4	6 × 8	8 × 3

7 × 6	5 × 7	7 × 8	8 × 6

___ ___ ___   ___ ___ ___ ___

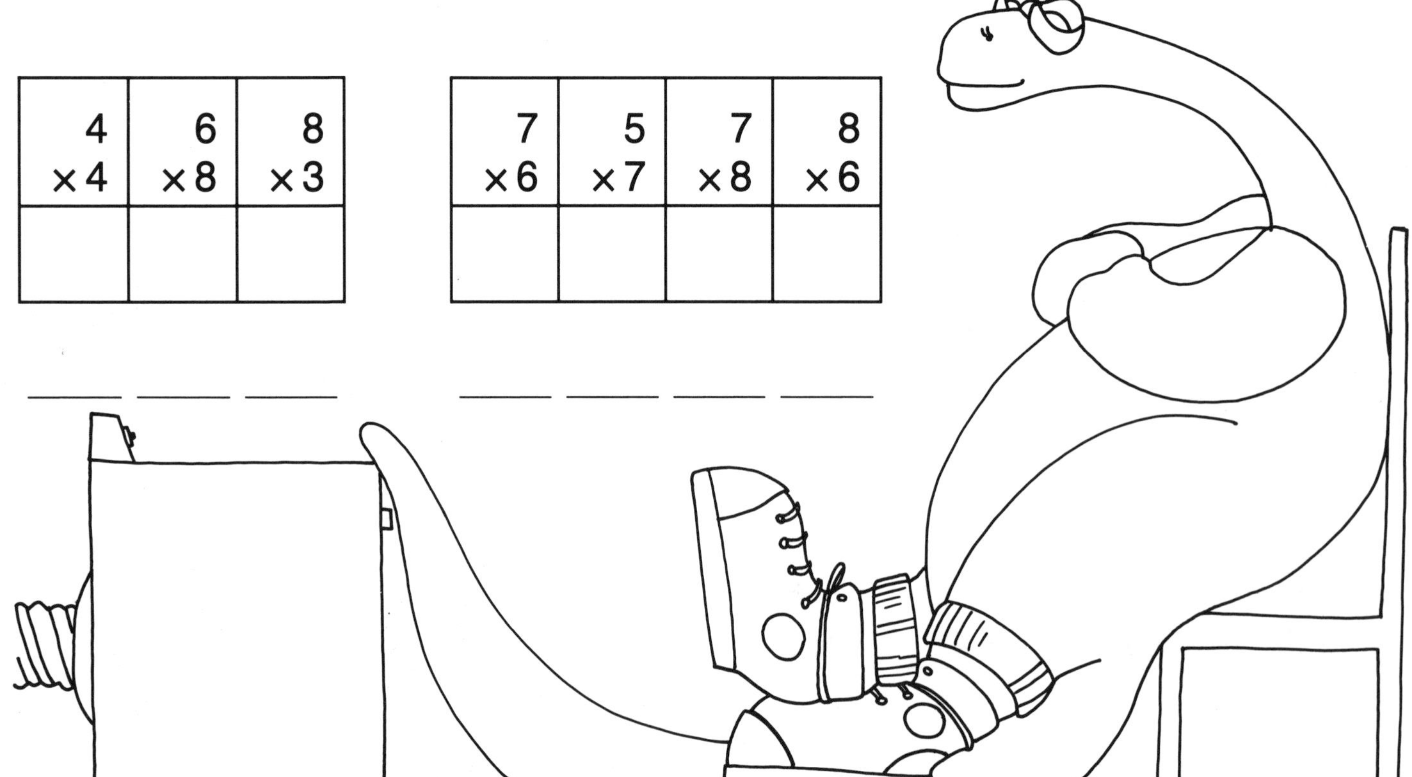

Styracosaurus

Start at 0.

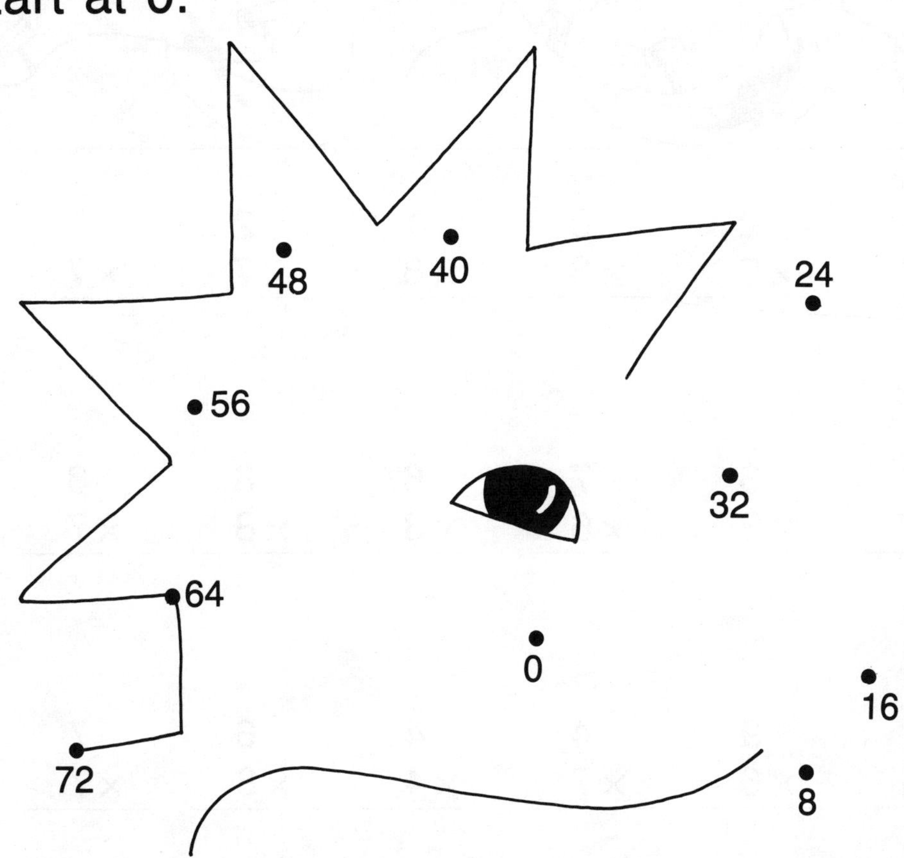

$0 \times 8 =$ _____

$1 \times 8 =$ _____

$2 \times 8 =$ _____

$3 \times 8 =$ _____

$4 \times 8 =$ _____

$5 \times 8 =$ _____

$6 \times 8 =$ _____

$7 \times 8 =$ _____

$8 \times 8 =$ _____

$9 \times 8 =$ _____

0	2	1	4	3	5	4	5
×8	×6	×8	×7	×8	×5	×6	×8

2	5	6	3	8	7	2	4
×8	×7	×8	×6	×7	×8	×7	×8

9	8	6	4	9	3	6	9
×3	×8	×7	×5	×8	×3	×5	×7

Dinosaur Marathon

1 × 6	2 × 8	0 × 7	2 × 6	0 × 8	1 × 8	2 × 7	1 × 7
3 × 6	5 × 5	6 × 6	3 × 3	7 × 6	6 × 3	8 × 8	3 × 7
6 × 7	4 × 6	2 × 5	9 × 6	4 × 7	4 × 4	6 × 8	7 × 7
7 × 8	6 × 3	5 × 6	3 × 2	8 × 4	9 × 2	1 × 4	7 × 3
8 × 7	1 × 1	3 × 8	0 × 3	6 × 6	7 × 3	5 × 8	5 × 7
7 × 5	4 × 8	5 × 2	4 × 3	9 × 8	8 × 6	3 × 5	9 × 7

Time: ____________ minutes

A Styracosaurus had large horns and a huge shield on its head. These were for protection. Styracosaurus means "spiked lizard."

6 × 4	5 × 7	7 × 8	8 × 3	5 × 2	9 × 8	8 × 2	5 × 3
9 × 4	8 × 8	3 × 7	5 × 8	0 × 6	5 × 7	6 × 6	8 × 7
4 × 8	6 × 7	3 × 5	9 × 7	7 × 2	8 × 4	6 × 5	5 × 4
5 × 6	7 × 3	8 × 6	9 × 2	7 × 6	6 × 3	5 × 5	9 × 6
3 × 6	9 × 5	2 × 5	7 × 4	3 × 7	6 × 8	4 × 2	7 × 7

Who Am I?

0-s	16-n	36-k
6-r	24-u	42-b
8-o	28-g	49-m
12-a	30-t	56-y
14-l	32-e	

8 ×4	2 ×7	4 ×3	0 ×2	7 ×7	8 ×1	8 ×0	6 ×2	3 ×8	2 ×3	6 ×4	0 ×5

___ ___ ___ ___ ___ ___ ___ ___ ___ ___ ___ ___

0 ×7	5 ×6	4 ×8	7 ×4	2 ×4	6 ×0	2 ×6	8 ×3	2 ×3	6 ×4	0 ×3

___ ___ ___ ___ ___ ___ ___ ___ ___ ___ ___

What did the mother dinosaur say when she looked at her egg?

8-o
12-s
15-a
16-e
18-h
20-f

21-r
24-t
25-c
28-n
30-d
35-l

36-i
40-u
42-b
45-g
49-m

6 ×4	9 ×2	6 ×6	6 ×2

5 ×5	4 ×2	8 ×5	5 ×7	6 ×5

____ ____ ____ ____   ____ ____ ____ ____ ____

7 ×6	8 ×2

8 ×3	2 ×9	4 ×4

4 ×3	4 ×6	5 ×3	3 ×7	3 ×8

____ ____   ____ ____ ____   ____ ____ ____ ____ ____

2 ×4	4 ×5

3 ×4	8 ×1	7 ×7	2 ×8	8 ×3	6 ×3	4 ×9	7 ×4	9 ×5

____ ____   ____ ____ ____ ____ ____ ____ ____ ____ ____

6 ×7	9 ×4	5 ×9

____ ____ ____ !

Match the eggs to the dinosaurs.

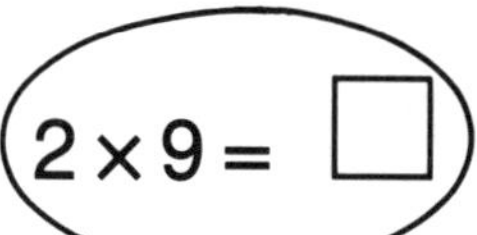

$2 \times 9 =$ ☐

$6 \times 2 =$ ☐

$3 \times 2 =$ ☐

$8 \times 1 =$ ☐

$1 \times 6 =$ ☐

$3 \times 6 =$ ☐

$8 \times 3 =$ ☐

$4 \times 6 =$ ☐

$4 \times 3 =$ ☐

$4 \times 2 =$ ☐

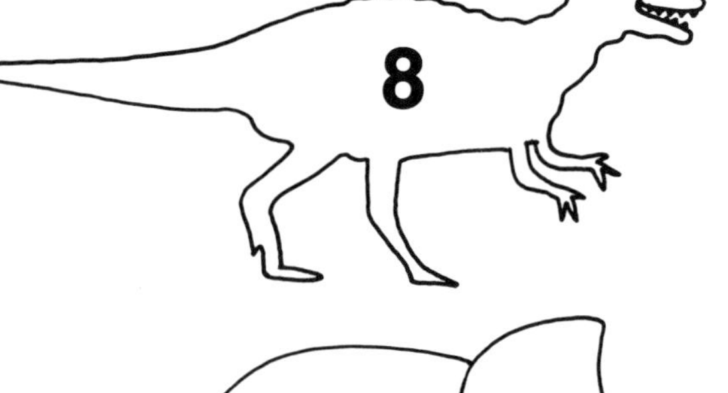

12

$6 \times 3 =$ ☐

$3 \times 4 =$ ☐

$9 \times 2 =$ ☐

$6 \times 1 =$ ☐

$2 \times 3 =$ ☐

$2 \times 4 =$ ☐

$6 \times 4 =$ ☐

$1 \times 8 =$ ☐

$2 \times 6 =$ ☐

$3 \times 8 =$ ☐

Cut and paste to find the hidden dinosaur.

5×7	8×8	2×9	7×9	4×9	6×8
4×8	8×9	3×9	6×7	5×8	7×7
9×9	2×8	7×8	4×7	6×9	5×9

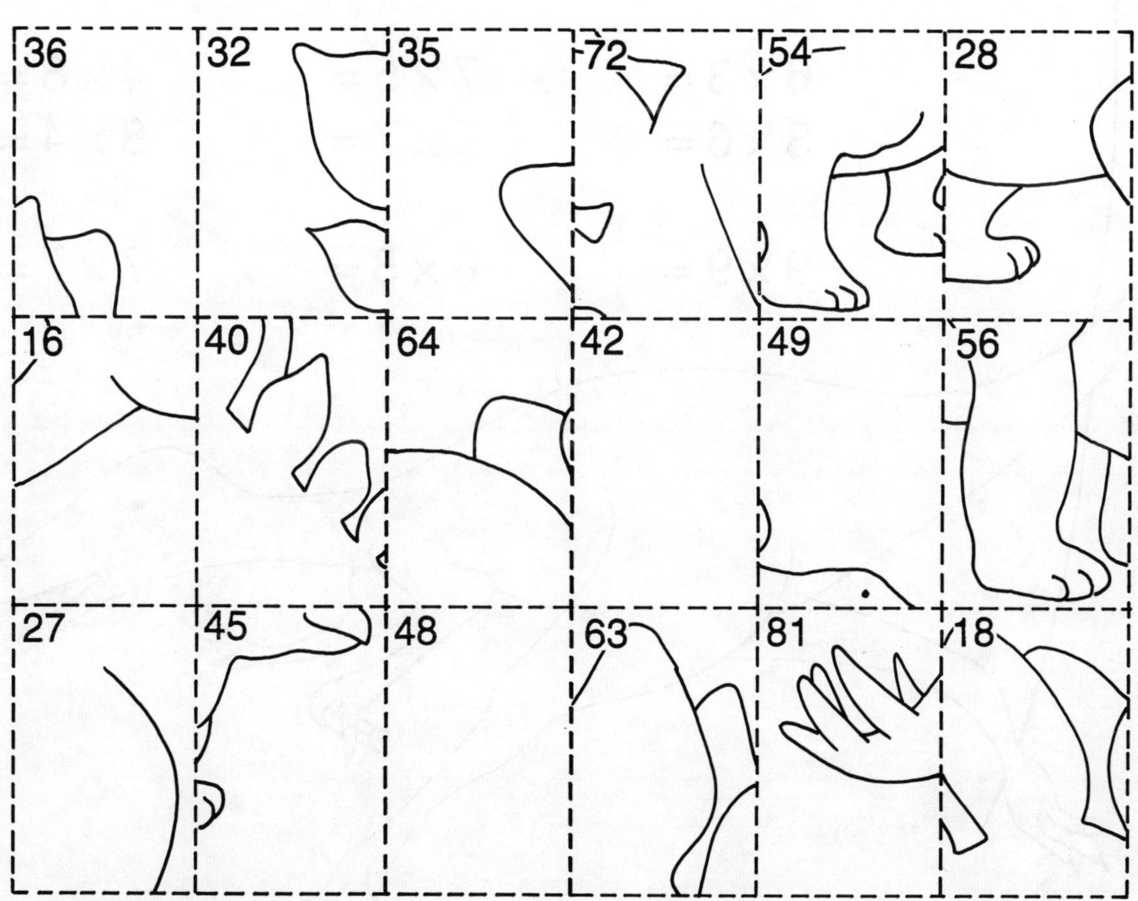

A Compsognathus had long legs, bird like feet, and sharp claws. It was one of the small dinosaurs. It was only about two feet long.

$0 \times 9 =$	$1 \times 7 =$	$3 \times 8 =$
$9 \times 0 =$	$7 \times 1 =$	$8 \times 3 =$
$4 \times 7 =$	$9 \times 8 =$	$6 \times 9 =$
$7 \times 4 =$	$8 \times 9 =$	$9 \times 6 =$
$5 \times 8 =$	$9 \times 7 =$	$6 \times 8 =$
$8 \times 5 =$	$7 \times 9 =$	$8 \times 6 =$
$5 \times 9 =$	$3 \times 7 =$	$4 \times 9 =$
$9 \times 5 =$	$7 \times 3 =$	$9 \times 4 =$
$8 \times 7 =$	$9 \times 3 =$	$6 \times 7 =$
$7 \times 8 =$	$3 \times 9 =$	$7 \times 6 =$
$6 \times 3 =$	$7 \times 5 =$	$4 \times 8 =$
$3 \times 6 =$	$5 \times 7 =$	$8 \times 4 =$
$9 \times 9 =$	$8 \times 8 =$	$7 \times 7 =$

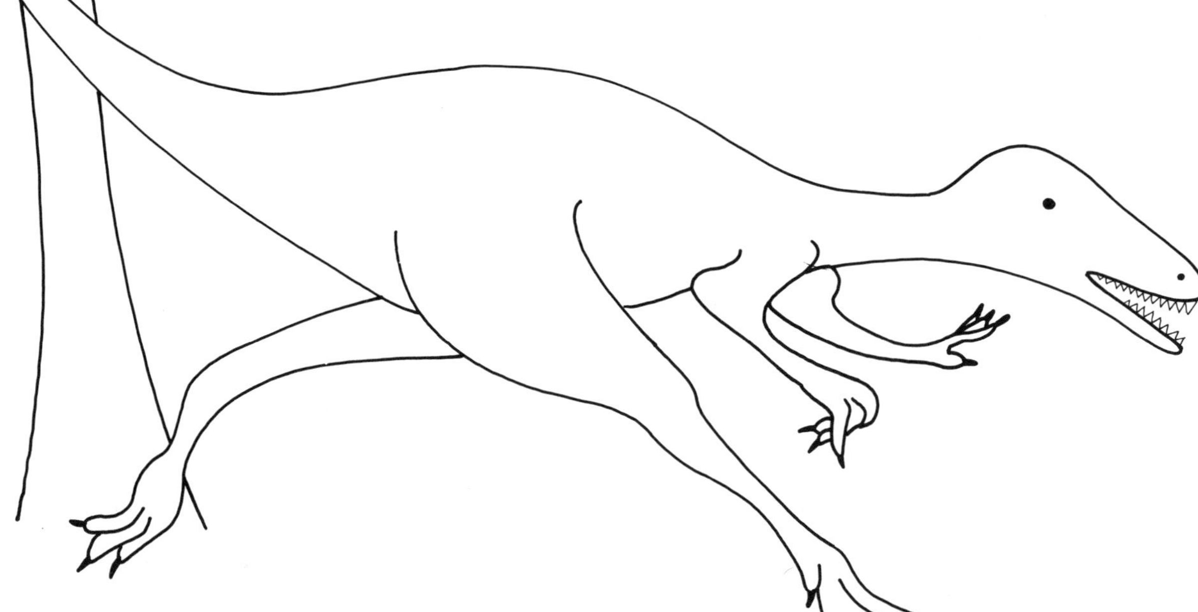

Help the dinosaur escape.

Color these answers brown to find the escape path.

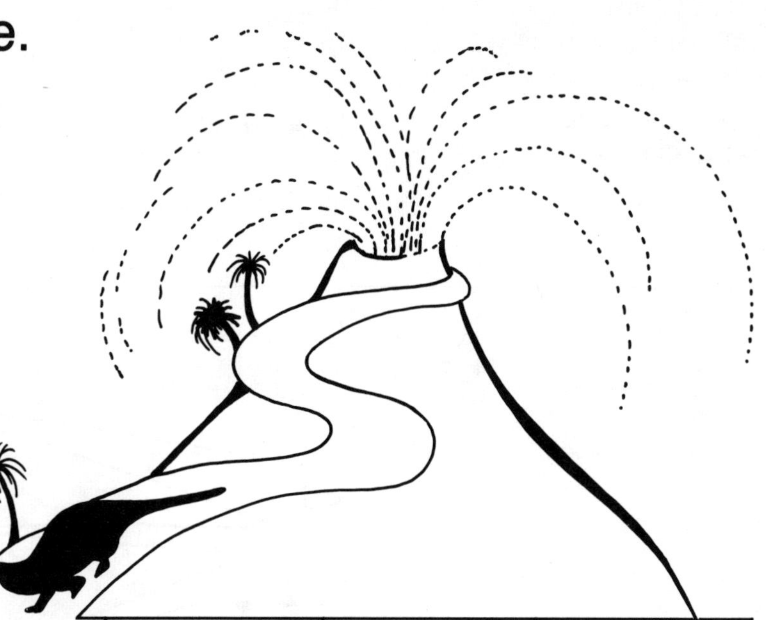

18 24 36

7 × 9 = ___	2 × 6 = ___	4 × 9 = ___	2 × 8 = ___	8 × 8 = ___	5 × 7 = ___
6 × 7 = ___	3 × 7 = ___	3 × 6 = ___	6 × 4 = ___	9 × 2 = ___	7 × 8 = ___
7 × 7 = ___	9 × 9 = ___	6 × 8 = ___	4 × 8 = ___	9 × 4 = ___	6 × 9 = ___
9 × 8 = ___	4 × 9 = ___	6 × 6 = ___	8 × 3 = ___	9 × 4 = ___	6 × 9 = ___
6 × 3 = ___	3 × 8 = ___	5 × 9 = ___	9 × 7 = ___	6 × 5 = ___	8 × 4 = ___
4 × 6 = ___	8 × 7 = ___	9 × 6 = ___	7 × 6 = ___	5 × 7 = ___	9 × 8 = ___

Start at 0:

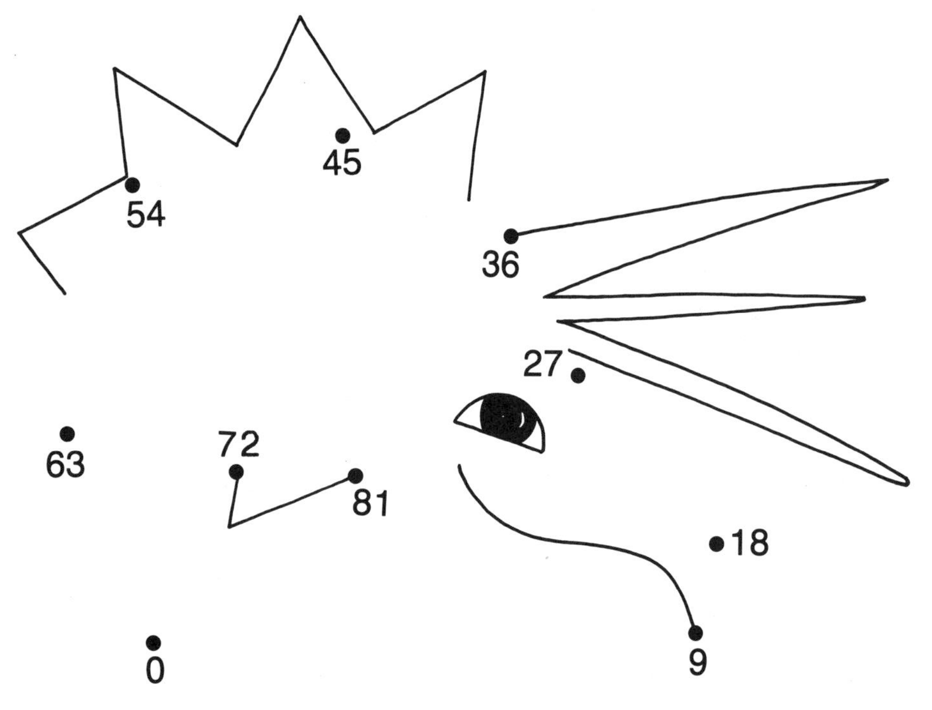

$0 \times 9 =$ ______

$1 \times 9 =$ ______

$2 \times 9 =$ ______

$3 \times 9 =$ ______

$4 \times 9 =$ ______

$5 \times 9 =$ ______

$6 \times 9 =$ ______

$7 \times 9 =$ ______

$8 \times 9 =$ ______

$9 \times 9 =$ ______

2	3	0	7	1	4	5	9
×8	×9	×9	×8	×9	×9	×8	×5

2	0	1	5	3	5	9	6
×9	×8	×8	×9	×8	×9	×9	×8

8	4	9	8	9	9	8	6
×9	×8	×6	×7	×8	×7	×8	×9

Color the answers to find the missing dinosaur.

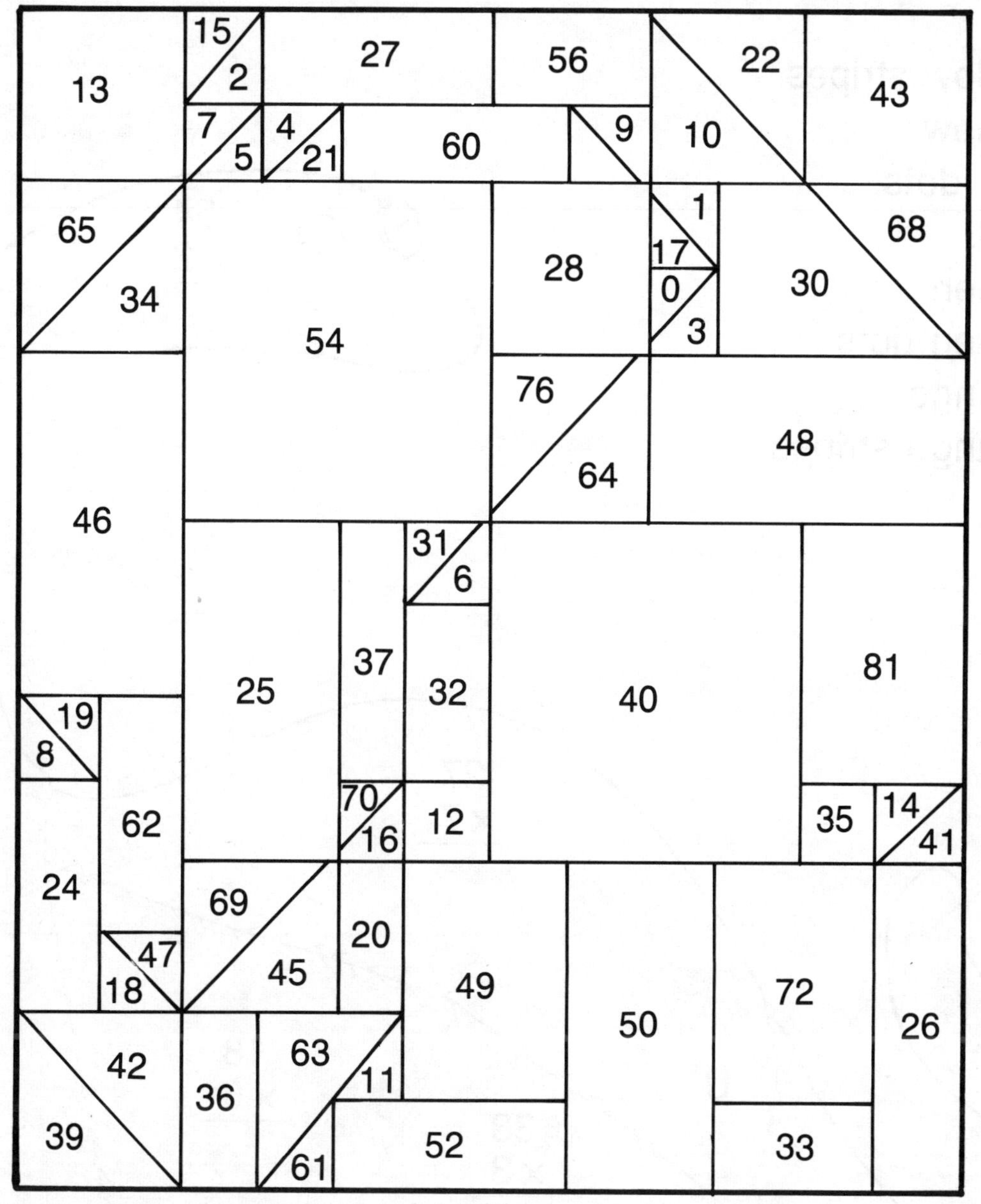

1×1	2×1	3×3	2×2	5×1	2×3	6×2	3×1
1×7	2×4	2×5	4×5	2×9	3×9	2×7	3×8
4×9	2×8	5×9	6×5	4×8	5×7	5×8	6×7
9×9	7×7	6×8	8×9	8×7	7×9	8×8	

Color the toy dinosaur.

64 — yellow stripes
75 — yellow
96 — red dots
99 — red
108 — green
120 — green dots
136 — orange
189 — orange stripes

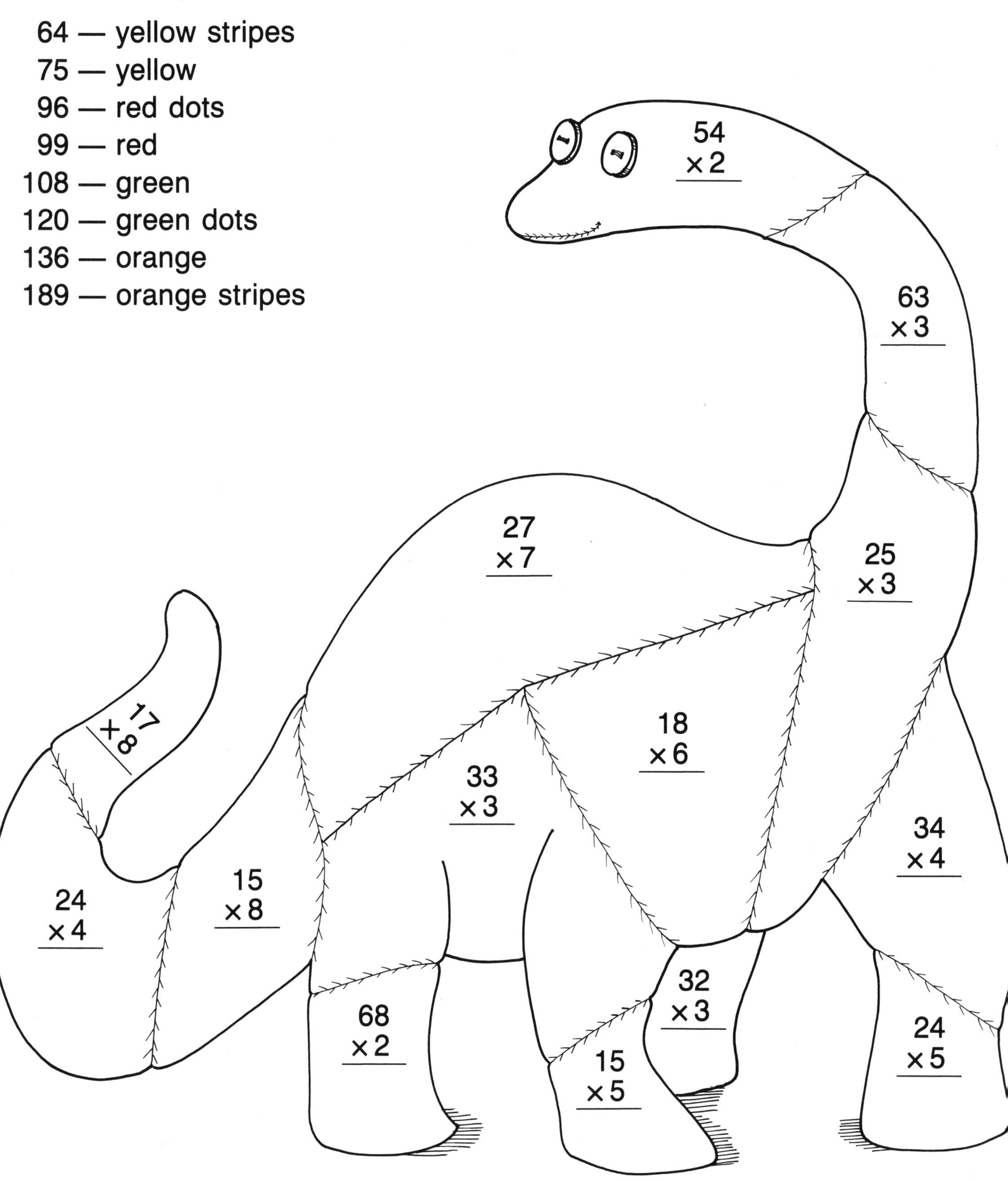

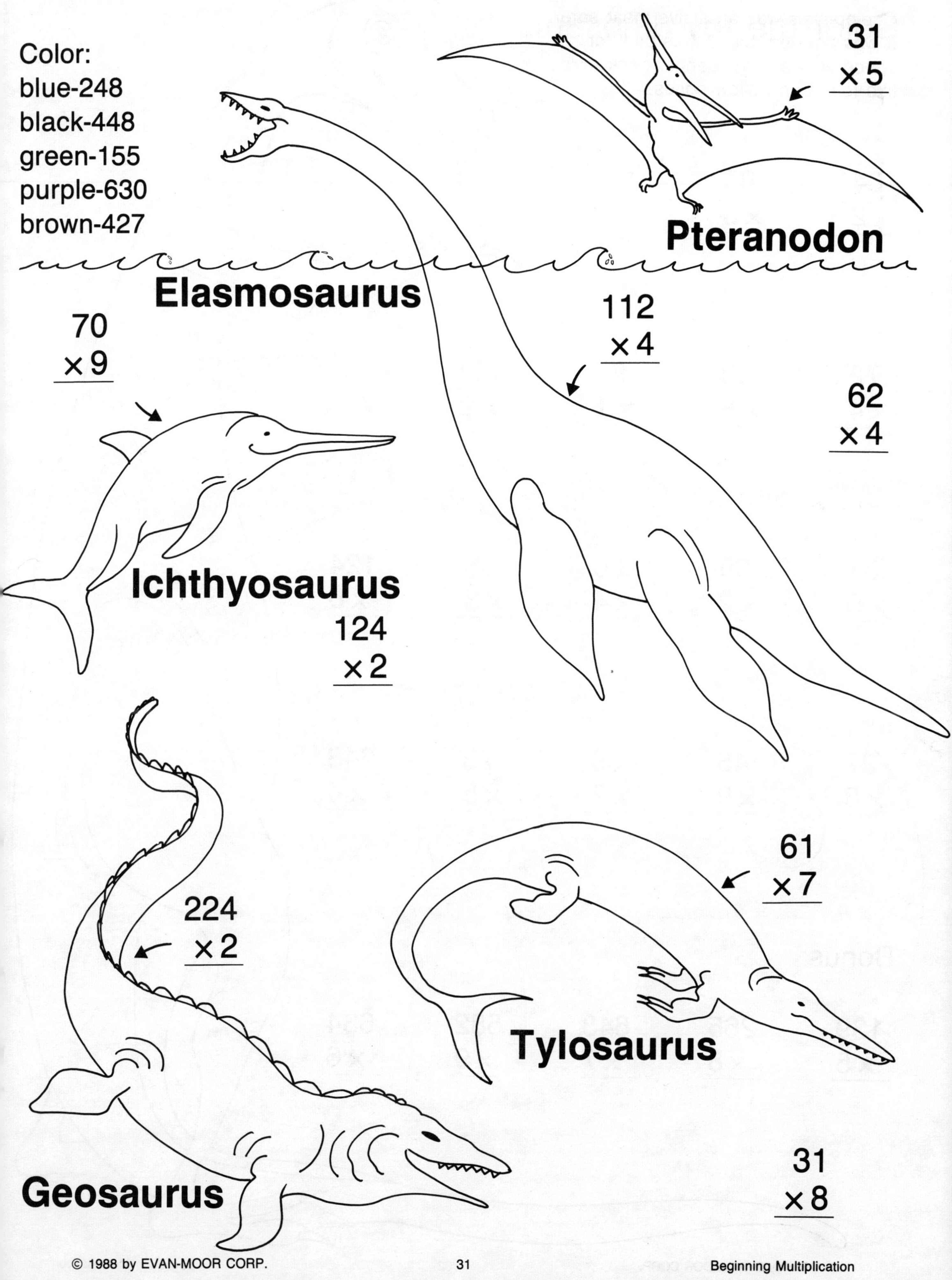
Color:
blue-248
black-448
green-155
purple-630
brown-427
31
× 5
Pteranodon
Elasmosaurus
112
× 4
70
× 9
62
× 4
Ichthyosaurus
124
× 2
61
× 7
224
× 2
Tylosaurus
Geosaurus
31
× 8

Coelophysis was an active meat eater. It was not very big. It was built for speed with a long, slender neck, bird-like feet, and hollow bones.

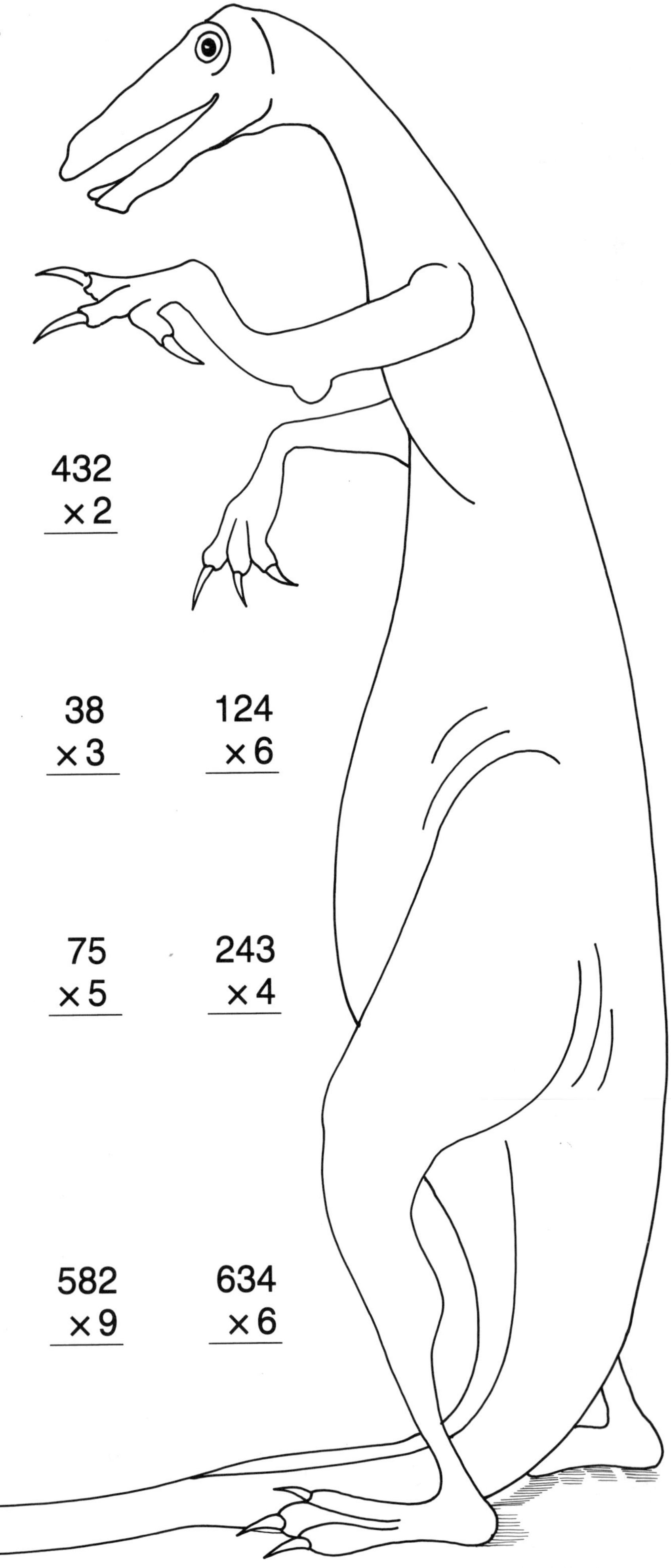

64 × 2	83 × 3			
72 × 4	50 × 8	97 × 1	432 × 2	
51 × 5	39 × 2	65 × 4	38 × 3	124 × 6
27 × 8	45 × 9	86 × 7	75 × 5	243 × 4

Bonus:

139 × 5	265 × 8	643 × 7	582 × 9	634 × 6